Erich Reisen
DIESSEITS UND JENSEITS

Erich Reisen

DIESSEITS UND JENSEITS

Gedichte

Impressum

Erstausgabe November 2023
© 2023 Erich Reisen

Verlag: tredition GmbH
        Heinz-Beusen-Stieg 5
        22926 Ahrensburg

ISBN: 978-3-384-03962-0 (Hardcover)
        978-3-384-03961-3 (Taschenbuch)

ZUR EINSTIMMUNG

„Ein Gedicht wird gemacht", sagt Gottfried Benn.

Seitdem ich diesen nüchternen Ausspruch verstanden habe, warte ich nicht mehr auf die Inspiration. Seitdem schreibe ich Gedichte, wann ich will.

Der Schaffensprozess kann zwar mit einer Eingebung beginnen, aber meistens steht am Anfang ein Motiv oder eine Gedankenfolge. Daran schließt sich rein handwerklich die Formgebung an, so gut wie es die Sprachgewalt, die Bildung und der Charakter eben ermöglichen. Dichten ist zunächst immer Arbeit, und Arbeit ist nicht elitär.

Erst im Laufe des Prozesses hört man vielleicht die Botschaften aus dem Unbewussten, und wenn die Stunde günstig ist, können sich ungeahnte Korrespondenzen ergeben.

Das ist dann allerdings für mich der eigentliche Lohn des Dichtens: die Quellen anzuzapfen, die jenseits der gewohnten Vorstellungen fließen; einen Geist zu evozieren, der größer ist als das prekäre Ich, und einen Weg zu finden in den Kern der Dinge und vielleicht auch in das dunkle Herz des Menschen.

Anmerkung zu den französischen Gedichten:

Die beigefügten Prosaübersetzungen sind schmucklos und sollen nur das Verständnis erleichtern. Sie sind keine eigenständigen Gedichte. Die französischen Texte mögen noch Fehler enthalten. Deshalb bitte ich wie Prosper Mérimée am Ende seiner Theaterstücke: „Excusez les fautes de l'auteur."

DICHTEN

Jeden Morgen Wörter putzen, bis sie in der Sonne blinken
Jeden Tag Vergleiche ziehen, bis sie nicht mehr hinken
Jede Nacht in Wolken baden, wo sie sich am dicksten ballen
Jede Nacht Verdichtung spielen und in schweren Tropfen fallen
Jeden Morgen Nebel lichten und die Traurigkeit besiegen
Alle Tage witzig sein und den Mund nach oben biegen

VIEL LÄRM UM NICHTS

Es lärmt die Welt in Arbeitskluft
Und einem, der sich ruhig verhält,
Ohne Geschrei von Kindern oder Frauen,
Nicht mal ein Hund, der immer bellt,
Dem kann man nicht so recht vertrauen.
Er ist am Ende gar ein Schuft!

Der Eine sitzt nun draußen an der frischen Luft,
Will sich im Äuß'ren dieser Welt
Auf Ewiges besinnen,
Als plötzlich Schreie gellen und ein Glas zerschellt.
Erschrocken sieht er da die Ewigkeit von innen
- als stille bodenlose Gruft.

SCHEITERHAUFEN

Ein Lehrer ist ein gescheiterter Wissenschaftler
Ein Wissenschaftler ist ein gescheiterter Dichter
Ein Dichter ist ein gescheiterter Prophet
Ein Prophet ist ein gescheiterter Gott
Gott ist ein gescheiterter Lehrer

… WIE EIN LAUFFEUER

Der Chef gibt dem Prokuristen eine Zigarre
Sozusagen
Der Prokurist erwärmt den Abteilungsleiter
Für eine Idee
Der Abteilungsleiter feuert den Meister an
Quasi scherzhaft
Der Meister heizt dem Arbeiter ein
Aber gehörig
Der Arbeiter gibt seiner Frau Zunder
Kräftig
Die Frau prügelt das Balg
Dass es nur so raucht
Das Balg brennt dem Hund eins über
Mit dem Kleinkaliber
Der Hund krepiert im Garten
Wie ein Hund
Und der Garten stinkt nach kalter Asche
Sozusagen

POLTERABEND

Bevor das zarte Band der Liebe
Sich zum Strick der Ehe knüpft,
Bevor die Freiheit schnell entschlüpft,
Da sie nicht frei wär', wenn sie bliebe,

Bevor man sich also ewig bindet
Und sich vor Zeugen feierlich verspricht,
Bevor der guten und der bösen Tage Zeit anbricht
Und sich der eine für den anderen schindet,

Werden all die sorgenfreien Tage,
All der Leichtsinn einer Jugend
Ohne Pflichten, ohne Tugend,

Weggespült bei einem ungeheueren Gelage,
Einem Symposium des Rausches
Und des freien Partnertausches.

KRIEG DER GESCHLECHTER

Der Umgang zwischen den Geschlechtern
Lässt sich fast nicht mehr verschlechtern.
Die Liebe ist auf Erden so bekannt
wie der Prophet im eigenen Land.

Mal wollt ihr euch verehren,
Um euch zu entmachten.
Mal müsst ihr euch verachten,
Um euch zu begehren.

Oh Spottgeburt aus Dreck und Feuer!
Bist dir selbst ein Ungeheuer.
Im anderen kannst du nichts anderes sehen

Als deine eigenen Mängel.
So muss ein jeder untergehen
Wie ein gefallener Engel.

ECCE HOMO

Alles Geborene muss sterben.
Alles, sagt der Prediger, hat seine Zeit.
Welches Gut musst du erwerben,
Um zu wandeln ohne Bitterkeit?

Lerne lieben ohne Eitelkeit.
Dann weißt du, wie aus Zentauren Menschen werden,
Und bist du dazu nicht bereit,
Gehörst du zu den Menschenpferden.

Als Mensch jedoch wirfst du dein Feuerkleid
Über eine Welt in Scherben.
Alles Graue muss sich vor dir färben

Und wie ein schlechter Traum vergeht das Leid.
Alles glänzt im warmen Licht.
Dem Tod nahst du mit Zuversicht.

BAROCK

Similia similibus curantur.
So schließt der Reim die Wunden der Gedanken,
So weist der Tod den Tod in seine Schranken,
So wird dein braunes Aug' dem meinen noch zur Kur.

Contraria contrariis curantur.
So muss man sich für Wohltat rächen und für Schimpf bedanken,
So kann man schließlich auch an der Gesundheit kranken,
So wird der Liebhaber zum Hasser und Wasser wird zur Feuerspur.

Gleich und gleich sagt man, gesellt sich gern,
Doch öfter als der Herr die Dame sucht sich die Dame einen Herrn
Und hofft ihn dienend zu erziehen.

Vollkommenheit sucht nicht ihr Spiegelbild.
Was sich fortpflanzt, ist bedürftig von Natur und wild.
Friedlich lassen sich im Fluss das Wasser und die Wolke
                                        weiterziehen.

STADT:

Stadt: hartnäckige Hässlichkeit
ausgebesserter Artefakte,
Höchstens hier und da
Ein schönes Mädchen.

Wird es feucht bei Berührung?
Färbt es sich rot unterm Blick?
Zittert es vor Waffen?
Weint es um tote Tiere?

Stadt: das Schöne biegt um die Ecke,
Doch die Ecke bleibt stehen.

HÄUSERZEILEN

Häuser:
Wörter der Straße
Straßen:
Sätze der Stadt

Es mieten die Sinne
Im schwitzenden Stein
Und brüten
Ein Kuppelgelüst

HORROR VACUI
Vier Haikus über Autos

I.
Du parkst dein Auto
In einer Tiefgarage
Die Gebühr ist hoch

II.
Ja, du bist schneller
Doch an der nächsten Ampel
Trifft man sich wieder

III.
Insekten platzen
Auf deiner Windschutzscheibe
Die Natur ist nah

IV.
Du tankst dein Auto
Voll und plötzlich diese Angst
Vor einer Flaute

RESTALKOHOL

Ich habe Restalkohol
Und fühl mich gar nicht wohl

Mein Auto fährt auf Restbenzin
Und ich fahr nirgendwo mehr hin

Was da auf der Kühlerhaube klebt
Hat soeben restgelebt

Die Polizei hat Restgeduld
und sagt, das wär' nur meine Schuld

Ich habe Restalkohol
Und fühl mich gar nicht wohl

VERSETZT

Um acht Uhr war sie noch nicht da.
Eine Kellnerin sah aus wie sie,
Dunkel mit einem Ohrstecker,
Den sie gekauft
Oder geschenkt bekommen hatte.
Sie bediente an anderen Tischen.
Das Bier verlor seinen Schaum.
Die Kellnerin, die so ähnlich aussah, lächelte nicht.
Als er sie neben dem Eingang entdeckte,
Sah sie besonders ähnlich aus.
Um neun Uhr sah er immer noch zur Tür.
Die Kellnerin erschreckte ihn nicht mehr,
Obwohl sie jetzt lächelte.
Gegen halb zehn war er zu Hause
Und sah eine Talkshow.
Ein Gast sah genauso aus wie die Kellnerin,
Dunkel, mit einem Ohrstecker,
Den sie von ihrer Gage gekauft
Oder auf der Straße gefunden hatte.
Sie lächelte nicht.
Das Bier verlor seine Wirkung.
Um Mitternacht lauschte er immer noch aufs Telefon.
Das Telefon sah aus wie ein Gast,
Dunkel, mit Muscheln,
In denen ein Rauschen
Oder ein Dauerton war.

SMILE TO GO!

Nach einem harten Arbeitstag
Musste ich noch tanken.
Die Schönheit an der Kasse
- Indisch, persisch oder mexikanisch? -

Gab mir mit dem Kassenbon ein Lächeln,
Wie ich es gerne mag,
Ohne persönliche Interessen,
Aber trotzdem ganz persönlich.

Als ich in mein Auto stieg,
Dacht' ich: Das hätte eine Antwort wohl verdient,
Wie immer, einen Wimpernschlag zu spät,
Und sofort fiel mir dann ein,

Was ich hätt' sagen können,
Vor einem Augenblick,
Ohne persönliche Interessen,
Aber ganz persönlich:

„Ihr Lächeln gerade ist so schön,
Packen Sie's mir doch bitte ein,
Damit ich es zu Hause
Noch mal in Ruh betrachten kann!

Coffee to go gibt es schon lang;
Ein *Smile to go* ist aber besser,
Ein absichtsloses, aber echtes Lächeln
Wärmt mehr als heißes Koffein."

Als ich dann die Tankstelle verließ,
Winkte mich ein Autofahrer,
Ohne eigene Interessen,
Aber ganz persönlich,

In die Lücke vor der roten Ampel.
Ich fand: So sollten wir einander sein:
Ohne eigene Interessen,
Aber ganz persönlich.

Gern gäbe ich der Schönheit in der Tanke
Diese frisch gedruckten Verse
Ihrem Lächeln nur zum Danke.
Was meint Ihr, soll ich's tun oder lassen?

HEIMSPIEL IM NORDPARK

Vor Jahren ging ich schon mal gern
Zu Fuß mit meinem alten Herrn
Über die Felder Richtung Hehn,
Um die Borussia zu sehen.

Ich tat es wohl eher der Stimmung wegen,
Um auch ein Brauchtum mal zu pflegen,
Und nicht so sehr, weil man da Fußball spielte.
Und wenn unser Club ein Tor erzielte,

Dann sprangen wir nicht auf und jubelten auch nicht,
Wir sahen uns nur an mit heiterem Gesicht,
Denn wesensmäßig sind wir beide nüchtern
Und in Gesellschaft eher schüchtern.

Im Strom der Leute gingen wir nach Haus,
Auf krummgesess'nen Beinen,
Und tauschten Spieleindrücke aus
So wie die Jungs in den Vereinen.

Zu Hause gab es Schnittchenplatte,
Die Mutter angerichtet hatte.
Der Vater seufzte: „Endlich hier!"
Dann trank man Tee und später auch ein Bier.

In der Sportschau
Sah man dann genau
Aus allen Perspektiven
Den Lohn geglückter Offensiven.

Einmal, bei einem Schwenk aufs Publikum,
Während alle Leute ringsherum
Sich mit Begeisterung erheben,
Sieht man uns beide, wie wir an den Sitzen kleben.

Ich rufe: „Papa, guck mal! Das sind wir!"
Doch er schaut gerade in sein Bier,
Sieht erst wieder, wie ein Spieler spuckt,
Und sagt: „Nä, Jong, da haste dich verguckt!"

TV und Fußball mag ich seit langem nicht mehr sehen,
Doch würde ich auch heute noch mal gern
Mit meinem alten Herrn
Zu einem Heimspiel gehen.

GESICHTER AUS DER BÖSEN STADT
(Impressionen aus den Edgar-Wallace-Filmen)

I. DER BLINDE HAUSIERER

Streich-hölzer, Rasier-kling-gen,
Ruft der blinde Händler aus
Und geht dabei von Haus zu Haus,
Und mit ihm geht sein monotones Singen.

Streich-hölzer, Rasier-kling-gen,
Als ob es Besseres nicht gebe,
Geht er den ganzen Tag auf Trebe,
Um Blendwerk an den Mann zu bringen.

Durch seine schwarze Brille
Sieht er gleichwohl ganz genau,
Was auf der Straße so passiert.

Es war zwar nicht sein freier Wille,
Doch die Polizei ist schlau,
Hat ihn als Spitzel rekrutiert.

II. DER BLONDE MORPHINIST
(eine Hommage an Klaus Kinski)

Der blonde Morphinist mit dem labilen Lächeln
Zieht zitternd an der Zigarette
Und seine Hände flattern fahrig um die Wette,
Wie um den Rauch hinwegzufächeln.

Während die Wut in seinen starren Augen glimmt,
Runden sich die vollen Lippen wie zum Judaskuss.
Ein schwarzer Engel schreit tief innen nach dem nächsten Schuss,
Doch seine Worte schmeicheln kreidesanft gestimmt:

„Ich bitte dich! Ich brauch den Stoff sofort!"
„Nur gegen Bares!", sagt der Dealer kalt.
Da war kein Mitgefühl für seinen Schmerz.

Dieses Schwein zu töten ist kein Mord,
Denkt der Blonde, gerecht ist die Gewalt,
Und stößt ein schlankes Messer ihm ins Herz.

III. DIE LOLA AUS DER HAIFISCHBAR

Es koberte die Lola, in der Haifischbar,
Die Hure mit dem Herz aus Gold.
Den blauen Jungs mit frischer Heuer war sie hold,
Und wenn der letzte Gin getrunken war,

Und der Kerl war ausnahmsweise nett,
Dann ließ sie ihn erzählen, von Shanghai und Sansibar,
Ihr Leben war dann vorübergehend schön und wahr,
Und sie spendete dem Seemann Leib und Bett.

Dann hat sie sich verliebt in einen Kriminalen.
Das war Tabu! Sie ließ ihn nicht einmal bezahlen
Und gab sich hin zum dumpfen Klang der Schiffsirenen.

Man fand sie an der Themse, zerfressen von den Aalen.
Der Cop erkannte Lola an den Muttermalen.
Schade, dachte er, doch gibt es ja genug von denen.

IV. MR. CAINE, DER HERR DER UNTERWELT

Breitbeinig steht der Boss im dunklen Lagerhaus.
In der Linken hält er die schwelende Zigarre,
In der Rechten eine chromverzierte Knarre,
Und vor ihm liegt gefesselt diese linke Laus,

Die seine Gang perfid verpfiffen hat.
Fürstlich hält der Boss Gericht.
Nur durch ein Todesurteil wahrt er sein Gesicht.
Darum kein Pardon! Auf dem Spiel steht seine Stadt.

Und dennoch zögert er, denn von diesem Mann
Hat er geglaubt, dass er ihm trauen kann.
Dann kam da dieses geldverliebte Luder…

Sein Hass auf dieses Weib ist ungeheuer, und er schießt.
Schaudernd sehen seine Männer, wie der Blutstrom sich ergießt,
Und jeder wusste: Der Verräter war sein Bruder.

UN HOMME SEUL DANS LA RUE

Un homme seul dans la rue,
Son âme est mise à nu.
Est-ce qu'il cherche la mort?
En tout cas, c'est son sort.

Comme il traverse la foule riante
Devant les tavernes brillantes
D'un pas de somnambule,
Quiconque le voit, recule.

Son regard projette des affres;
Aux joues il porte les éraflures sanglantes
D'une femme qui dès toujours le hante.

Sa bouche s'ouvrit comme une balafre
Emettant des prières de vengeance
Et ses pieds le conduisent – à la dernière danse.

EIN MANN ALLEIN AUF DER STRASSE

Ein Mann allein auf der Straße,
Die Seele bloßgelegt.
Sucht er den Tod?
Das ist jedenfalls sein Schicksal.

Er geht durch die lachende Menge
Vor den leuchtenden Lokalen
Mit dem Gang eines Nachtwandlers
Und jeder, der ihn sieht, weicht zurück.

Sein Blick verbreitet Schrecken;
Auf den Wangen trägt er die blutigen Kratzer
Einer Frau, von der er seit jeher besessen ist.

Sein Mund öffnet sich wie eine Wunde,
Gebete der Rachsucht ausstoßend
Und seine Füße führen ihn – zum letzten Tanz.

LETHE

Wanderer einmal zur Schwell' werde sein
Ich des Lebens hinaus in den Tod
Und treten auf weicher, sinkender Stell'
So blind wie die Katzen am säugenden Fell.

Und muss ich nicht denken: Was pack' ich noch ein,
Und muss ich nicht fürchten die Straße, den Kot,
Nur träumen zu treten und trinken so schnell
Wie es geht den betäubenden Quell.

TRAUM

In seinen Träumen lief er durch ein großes Hospital
Mit Korridoren, Stufen, Türen ohne Zahl.
Vor einem Durchgang sah er himmelwärts;
Dort stand - gemeißelt in Fraktur: Abteilung Schmerz.

Ein alter Mann hielt Wacht, gewandet wie Doré's Vergil.
„Ich führe dich", sprach er, „durch diese Gruft, doch nicht zum Ziel."
Bei diesen Worten wies er mit dem Pilgerstab
Auf ein vor kurzem aufgeworfnes Grab.

Der Alte sprach: „Nun schau und merke, dass du durch Verlust
Zum wahren Leben schreiten musst."
Im Grabe sieht der Träumer eine weiße, zarte Hand;
Ihr oft geküsstes Mal erschien ihm auf den ersten Blick bekannt.

Ein Arzt nun hieß ihn seine Hand auf einen Richtblock legen.
Der Führer nickte und ein Priester gab dazu den Segen.
Der Medicus mit glattem Streich schlug seine Hand ihm ab
Und warf sie scheinbar achtlos in das Grab.

Der Alte sagte: „Schau, wie Gott im Leben und im Tode waltet.
Die Hände haben sich im Grabe zum Gebet gefaltet."
Der Träumer trat zu schauen an die Seite seines Führers;
Im Grabe lag das altbekannte Händebildnis Dürers.

BAD KROZINGEN

Haarbenetzt und wasserdampfverhangen
Harren Wannen und durchbohrte Stühle
Der greisen Gäste fahle Wangen
Marmoriert die Kurortkühle.

Aus welken Händen perlt der Rosenkranz,
Es weht ein krausgerandet' Flehen durch den Flur.
Das trübe Auge bricht im Glanz
Der kobaltblauen Kachelquadratur.

Den Abschluss bildet ein antikes Zackenfries.
Der Atem rasselt in den schlammgefüllten Bädern.
Zähnefletschend weicht zuletzt der Kies
Der Last auf einer Ruhestatt mit Rädern.

JENSEITS (MELANCHOLIA)

Ein Fluss schwarz wie Onyx
Fließt träge in sich selbst
Die Mücken sitzen auf dem Wasser
Denn das Blut ist rar
Es gibt kein Meer
Die Tage werden kürzer

Gedanken sind Geräusch
Aus Büchern, welche welken
Nebelwolken summen vor dem Fenster
Ohne Luft zu holen
Anderswo der Wind

Die Hand will noch zum Mund
Der Mund sucht noch die Hand

LUZIDER TRAUM

Lag da und träumte Fraktale
Rillen, Konfetti, Kristalle,
Dazu die Gesänge der Wale,
Eine Form jeweils für alle;

Doch träumte nicht,
Sondern dachte und sah,
Was jenseits der Dinge geschah,
Und plötzlich war alles licht.

DER KUMMER I

Der Kummer ist ein kleines Tier

Sein Fell ist weich
Das säuft mein Blut
Sein Leib ist Glut
Das frisst mein Fleisch

Es beißt sich durch
Mein Herz
Zu dir

DER KUMMER II

Dass die Singvögel ziehen,
Dass die Blätter fallen,
Dass die Tage kürzer werden und kalt,
Das ist für mich nicht neu,
Denn ich bin alt.

Und dennoch kommt in jedem Jahr,
In jedem Herbst einmal
Zwischen Tag und Schlummer
Der Moment,
Da denke ich an unheilbaren Kummer.

WAS DER WALD DAVON ERFUHR

Was die stolzen Bäume rührte:
Menschen (zwei), die sich verzweigten
Und zu ihren Füßen neigten.

Was der nahe Quell verspürte:
Durst vom Saufen,
Lust am Überlaufen.

Was die Nachtigall noch hörte:
Singsang ohne Sinn und Schönheit.
Was die anderen Tiere störte:
Ein Geruch von Einsamkeit.

Was das Moos erhielt:
Bloß Stöße.
Was die Luft umspielte:
Blöße.

SONNTAGSMESSE

Es dröhnt der Kopf vom Glockenklang;
Der Weihrauch klebt die Nasen zu;
Die Orgel brüllt mit frohem Drang
Wie eine vollgefressene Kuh.

Aus hundert Kehlen wird gesungen,
Auf dass die Not der Welt vergeh,
Und aus den geblähten Lungen
Jauchzen Schinken und Kaffee.

ANGELUS

Unter abgeregneten Wolken
Läutet friedlich
Das Abendrot.

Die Amsel im Hag
Spielt auf
Den Kindern
Zu albernstem Tanz.

Aus anheimelnden Fenstern
Sagt weißblaues Flackern
Neue Wolken vorher.

NACHWINTER

Schneereste am Wege,
Bucklig verregnet,
Gefroren und wieder verregnet;

Das Licht, die Luft
Sind fast wie früher,
Das Ende des Himmels
Ein Schimmer.

Hier bist du mir begegnet,
Begegnest mir noch immer.

FRÜHLING

Wie treibt es der Frühling die Äste hinaus?
Was sprießt dort und knospet und blüht?
Welch seltsame Frucht erwächst wohl daraus,
Um die Natur sich so müht?

Wie steh ich nach heftigem Schauer am tropfenden Hain,
Ein Sehnen und Ziehen in Nerven und Bein?
Weiß-rosa Blüten zu meinen Füßen,
Von winkenden Zweigen mit herzlichen Grüßen
Wie Mädchenkleider abgestreift;
Welch seltsamer Zweck da wohl reift?

DAS TAPFERE KLEINE SCHNEIDERLEIN
(Schneekugelschüttelreim)

Das tapfere kleine Schneiderlein
Arbeitet lieber bei Sonnenschein;
Doch heute soll es leider schnei'n,
Wird das schon der Winter sein?

Nein! Der Schneider glaubt zu träumen.
Schau, die Flocken fallen von den Bäumen!
All die weißen Blütenblätter
Verwandelt der Wind in Winterwetter.

DER TROMMLER AUF DEM HÜGEL

Er stand auf einem Hügel,
Die Trommel umgeschnürt,
Und hat zum Schneefall
Pro Flocke ein Schlag
Die Trommel gerührt,
Den ganzen Tag.

Fragt ihn vom Baum
Herab ein Rabe,
Ob er nichts Besseres zu tun habe.

Kaum,
Sagt der Trommler und hält ein.
Da hatte es schon aufgehört zu schnei'n.

VORHÖLLE

Wir sitzen vor der Unterwelt;
Der Teufel lässt uns warten.
Wir haben noch ein wenig Geld,
Drum spielen wir mit Karten.

Nach einer kleinen Ewigkeit
Erscheint vor der Tür ein Teufelsweib.
Wir haben noch ein wenig Zeit,
Drum spielen wir um ihren Leib.

Nachdem ein jeder mal gewonnen,
Fragen wir das feile Weib,
Wem sie am wohlsten sei gesonnen.
Da sagt sie kühl: dem Zeitvertreib.

DIE AUSNAHME VON DER REGEL

Sie hat ihre Tage,
Sieht aus wie der Tod,
Die Augen sind schwarz,
Die Ränder rot.

Sie ist eine Schönheit,
Sagen die Leute,
An anderen Tagen.
Ich liebe sie heute.

SCHAUET DIE LILIEN
(Song)

Es ist völlig egal,
Ob du da bist oder hier;
Der Weg ist das Ziel,
Und das liegt in dir.
So geh
Durch den Regen,
Durch die Dürre,
Durch den Schnee.

Es ist völlig egal,
Ob sie dich liebt oder mich;
Wir sind alle gleich
Im Geiste und im Fleisch,
Und die Liebe tut weh
Im Regen,
In der Sonne,
Und im Schnee.

Es ist völlig egal,
Ob du froh bist oder trist;
Dein Gefühl zeigt dir selten,
Wer du wirklich bist.
Drum geh
Und schau
Die Lilien,
Die Vögel,
Und den See.

WIE DIE KINDER

Heute fliege ich mit dir
In einem Flieger aus Papier
Über ein Meer aus Limonade
Mit Puddingbergen als Gestade
Und von unseren Unterlippen
Hängen lässig Schokoladenkippen.
Dann trinken wir ein süßes Bier
Und tun ganz betrunken.
Ich drehe mich im Kreis mit dir
Im Himmelsblau versunken.
Wir rülpsen um die Wette
Und lachen uns halbtot;
Zusammen auf Toilette
Werden wir nicht rot.
Du hast noch etwas Esspapier
Mit Mickeymäusen drauf.
Unsre Eltern sind nicht hier,
Wir bleiben lange auf.
Wir schminken uns mit Wasserfarben
Und spielen Dark Wave aus der Gruft
Auf kreischenden Gitarren,
Gebaut aus purer Luft.
Es tanzt dazu Gespensterpublikum
Wie verrückt um uns herum.
Wir fliegen jetzt in einem Raumzeitgleiter
Lichtjahrelang zur Venus.
Ich geb dir einen nassen Kuss.

Du sagst: Igitt, mach weiter!
Wir bauen uns ein warmes Nest
Und spielen Vater, Mutter, Kind
Und träumen wie von einem Fest
Von all den tollen Sachen,
Die wir machen,
Wenn wir erst erwachsen sind.

INSOMNIA

Au delà du lit
Après la mort du délire
Dans l'air j'inscris
Ci-gît le soupir

Ton souffle me berce
Dans un demi-sommeil
Pendant qu'une averse
Bat le réveil

Aux premières lueurs
Livides du matin
J'aspire à la douleur
D'une cigarette à jeun

MALHEUR

Sa bouche
Sourit sans fard
Et son regard
Me touche

Au cœur
Pourtant elle cache
Sans qu'elle en sache
Un grand malheur

INSOMNIA

Jenseits des Bettes
Nach dem Sterben der Begeisterung
Schreibe ich in die Luft:
Hier ruht der Seufzer

Dein Atem wiegt mich
In einen Halbschlaf
Während ein Regenschauer
Zum Wecken trommelt

Im ersten bleigrauen
Schimmer des Morgens
Sehne ich mich nach dem Schmerz
Einer Zigarette auf nüchternem Magen

UNGLÜCK

Ihr Mund
Lächelt ungeschminkt
Und ihr Blick
Berührt mich

Im Herzen
Verbirgt sie jedoch,
Ohne es zu wissen,
Ein großes Unglück

LES AMANTS DES QUATRE SAISONS

A chaque saison
Du printemps à l'hiver
Nous nous aimons
D'une autre manière

En printemps, mon enfant
Je te prends avec moi
Et t'invite à lécher
Du beurre salé
Du bout de mes doigts

En été, ma fée
Je te prends par la main
Et je vais te baigner
Dans les flots sacrés
D'un Gange de vin

En automne, ma très bonne
Je caresse ton corps
De la tête jusqu'aux pieds
Et je vais te croquer
Avec du pain au Roquefort

En hiver, ma très chère
Je te serre dans mes bras
Et te donne à sucer
Les brins imprégnés
Du vodka Grasovka

DIE LIEBENDEN DER VIER JAHRESZEITEN

Zu jeder Jahreszeit
Vom Frühling bis zum Winter
Lieben wir uns
auf eine andere Weise

Im Frühling, mein Kind
Nehme ich dich mit
Und lade dich ein
Gesalzene Butter
Von meinen Fingerspitzen zu lecken

Im Sommer, meine Fee
Nehme ich dich bei der Hand
Und bade dich
In den heiligen Fluten
Eines Ganges aus Wein

Im Herbst, meine Beste
Liebkose ich deinen Leib
Vom Kopf bis zu den Füßen
Und vernasche dich
Mit Brot und Roquefort

Im Winter, meine Teuerste
Schließe ich dich in meine Arme
Und gebe dir die in Wodka
Grasovka eingelegten
Gräser auszusaugen

DO OR DIE

Da sitzt du nun am ersten Tag
Der Ferien, befreit von aller Plag,
Und freust dich, dass du ruhst
Und deine Zeit vertust.

So ähnlich hast du dir das vorgestellt,
Als dich zuletzt der Wecker in die Außenwelt geschellt
Und du noch Stunden, Tage hättest schlafen wollen,
Um von dem einen in den nächsten Traum zu rollen.

Da sitzt du nun am ersten Tag
Der Muße. Doch das Drängen hört nicht auf,
Weil es immer da war, doch von innen,

Und wider dein Behagen steigt ein alter Auftrag
In dir auf, zäh und dunkel wie dein Lebenslauf,
Und klar ist nur: Du kannst ihm nicht entrinnen.

INNERE EINKEHR

Kehr auf dich zurück!
Da ist kein anderer Weg
Zu deinem Glück.
Ich weiß, es ist ein schmaler Steg.

Was bin ich wert,
wirst du dich fragen,
Und wessen Schwert
Muss ich jetzt tragen?

Kein Schwert und keine Waffe
Kann dich aus jenem Schlund befreien
So tief wie ein verwunsch'ner Teich.

Dein Gebot ist: Schaffe
Ganz für dich allein
Ein eigenes Götterreich!

UTOPIA

Nehmt mir nicht übel,
Wenn ich sage, was ich denke.
Ich muss doch sowieso bald gehen.

Die Freuden aus des Lebens vollem Kübel
Sind für euch vielleicht Geschenke –
Ich bin nur froh, wenn sie vergehen.

So suche ich nach einem andren Ort,
An dem die Freuden und das Leid
Gebunden sind in einem Wort,
Zur Sprache fähig, aber nicht bereit,

Dem Ort, an dem kein schöpferischer Gott
Die eitel-väterliche Freude hat
An seiner Kreaturen närrischem Komplott,
Und wo ich ruhen kann – an seiner Statt.

WEIßE NACHT

Wenn dir kein Liebchen zugesellt,
Musst du die Sommernacht vergeuden,
Und wenn des Laurentius' Träne fällt,
Bringt kein Wunsch dir Freuden.

Einsamer nie als im August,
Sprach jener, der das Gegenglück erkannte,
Hat auch um den heißen Tag gewusst,
Der nächtens in der Seele brannte.

Mädchen in hauchdünnem Kleid,
Kurz vom Sonnenlicht geblitzt,
Schien zum Kusse wohl bereit

Und ist doch nur vorbeigeflitzt.
Dies Bild, das harmlos auf dein Auge traf,
Nahm dir bis zum Morgentau den Schlaf.

FRAGEN, DIE DER SOMMER STELLT

Die Mädchen tragen heiße Höschen,
Hauteng geschmiegt an Ritz und Döschen,
Und wenn sie sich nach vorne beugen,
Kann man ihre Brust beäugen.

Wer diese Frucht berühren darf,
Dem ist der Anblick Vorgenuss.
Auch alle andren werden scharf.
Die Geilheit kommt vor dem Verdruss.

Soll man den Blick nach innen richten
Und auf das schöne Bild verzichten,
Wenn das Vorbild nicht zu Händen,
Um's zu kneten und zu wenden?

Soll man denken, dass die Jungen,
Von den Mädchen fest umschlungen,
Nur den Preis des Glücks nicht kennen
Und in ihr Verderben rennen?

Sollte man nicht glauben, dass das Alter
Alle Fragen selbst schon klärt
Und der rüde Missgestalter
ZEIT die Ansprüche verjährt?

Sei nicht dumm, und gönn' dir den Genuss!
Nimm, was du schaust, als ein Ereignis!
Die Wirklichkeit ist immer Gleichnis,
Nicht zu fassen, da sie fliehen muss.

ALL SUMMER SINGLE
(Nummer 9 von „Whiplash Smile")

„All summer single",
Sang Billy Idol einst.
In einem Mai erschien die Single.
Weichling, wenn du dabei weinst!

Es war doch nur ein Sommerhit.
Ich sang ihn beim Autofahren
Gern und melancholisch mit,
Weil die Girls vergeben waren.

Auch dieser Sommer ging vorbei.
Wart ihr schön sexy, geil und frei?
Dann möchte ich, dass ihr begreift:

Ich bin der Kerl, der auf euch pfeift
Und euch den langen Winter gönnt,
In dem ihr euch nicht zeigen könnt.

WERBUNG UM DIE EINSAMKEIT

Wenn endlich in der toten Stadt,
Erwartet, aber nicht willkommen,
Die Einsamkeit dich hat,
Dann sei ihr, was sie dir genommen,

Ein Freund, ein Mädchen, guter Rat,
Und tröste sie mit frommen
Lügen, Sinngedicht und Moritat.
Es wird ihr wie Beisammensein vorkommen.

Einmal jedoch wird sie dir danken,
Indem sie Besseres verlangt.
Sie sei so eine nicht, die jeder haben kann.

Dann gib ihr wertvolle Gedanken,
Erzähle, wie man heilt, wenn man erkrankt,
Dann wird sie bald zur Frau dir, reifer Mann.

TAEDIUM VITAE

Wenn des Abends Ruh' mich überkommt,
Erwacht in mir die Lust des Denkens,
Des Ordnens, Spinnens, Träumelenkens,
Während dem Tag nur Handeln frommt.

So lebe auf die Nacht ich hin.
An jedem Tag ertrage ich die Fron,
Nur mit der Aussicht auf den Lohn,
Am Abend mich zu fragen, wer ich bin.

Und jede Antwort ist mit recht,
Auch die, dass es mein Ich nicht gibt,
Denn der Tag ist immer schlecht.

Und dieses Leben um den Lohn der Nacht,
Wenn man es nicht gänzlich liebt,
Gehört doch nur hinweggedacht.

WENN ICH KÖNNTE, WIE ICH WILL

Wenn ich könnte, wie ich will,
So liefe ich der Welt davon.
Ich bin kein *zoon politicon*,
Kein Partisan im allgemeinen Overkill.

Der Weltenmensch wird niemals lernen
Aus den Geschichten, aus der eigenen Geschichte.
Für den Gewinn macht er die eigene Welt zunichte.
Sein Drang wird immer sein, sich zu entfernen

Vom Wahren, Guten und vom Schönen.
Sein Drang wird immer gelten dem Obszönen
Und der Bewahrung der perversen Macht,

Vermittelt von den Vätern zu den Söhnen,
Die wiederum die eigne Brut daran gewöhnen,
Sich groß zu fühlen in des Geistes Nacht.

MEIN TREUES PFERD

Wenn ich meine Augen schweifen lasse,
Sehe ich alles, was ich hasse.
Wenn ich sie nach innen kehre,
Sehe ich, was ich begehre.

Abgründe öffnen sich auf beiden Seiten.
Mein kleines Ich muss weiterreiten
Auf einem schmalen Grat
Zwischen hemmungslosem Wunsch und Tat.

Mein Pferd, mit Scheuklappen gezähmt,
Folgt meinem Schenkeldruck korrekt
Und weiß genauso gut wie ich,

Dass uns diese Reise lähmt,
Während es von allen Seiten leckt und neckt.
Doch habe ich, mein treues Pferd, nur dich.

DER AUGENBLICK DER WAHRHEIT

Beim Gruß, beim Trinkspruch und beim Abschied
Schaut man sich in die Augen.
Trau dem nicht leicht, der diesen Blick vermied.
Er wird vielleicht auch sonst nicht taugen.

Ein Liebeseid soll kein Geständnis sein.
Was sollte man bereuen?
Sprich die drei Wörter schlicht und rein.
Sie sollen dich und deinen Schatz erfreuen.

Doch wenn du jemandem nicht traust,
So darfst du deinen Blick wohl senken
Und deinen Vorbehalt verschweigen.

Und wenn der Zwist in seinen Sinnen haust,
So gibt ihm deine Vorsicht wohl zu denken;
Er wird dir bald sein wahres Wesen zeigen.

SPHÄRENHARMONIE

Wenn alle Lieder sind gesungen
Von Liebesleid und Liebesglück,
Für die Alten und die Jungen,
Froh nach vorne, tränenreich zurück,

Wenn endlich alle ausgeschunkelt
Haben mit närrischem Radau
Und sich der Himmel dann verdunkelt
Zu ewiglichem Grau,

Dann hören allerletzte Wesen
Das, was wird, was ist und was gewesen,
In zeitloser Sphärenharmonie.

Sinnenfern ertönt der Chor.
Er fordert weder Mund noch Ohr,
Nur Liebe und Genie.

THEODIZEE – ein Triptychon

I.

Oft hört man die Menschen eitel klagen,
Wie nur kann ein Gott in dieser Welt,
Wenn man zu Recht für gut ihn hält,
Das Elend, das uns hier geschieht, ertragen?

Meistens will die Kreatur dann nur rhetorisch fragen,
Wohl wissend, dass es nicht möglich ist zu glauben,
Um sich dann selber gottgleich alles zu erlauben
Und sich mit dem Elend andrer nicht zu plagen.

So haben wir die Wahl, das große EINE zu verneinen.
Das ist, was man den „freien Willen" nennt,
Die Freiheit, für Schimären kurzer Lust zu leben.

Doch wer in Not und Überfluss die Menschenschuld, die
                                       eigene, erkennt,
Der weiß: Das wahre Gut wird anderswo vergeben.
Die Güter dieser Welt sind nur der Abfall von dem EINEN.

II.
(nach Matthäus 18, 6)

Oft hört man, wie die Leute eitel sich behaupten
Wenn sie sagen, gerne verzeihe man Verbrechern,
Hurenböcken, Dieben, wüsten Zechern,
Nur die Kinderschänder müsse man enthaupten.

Jesus sagt, wer sich an einem Kind versündigt,
Dem wird alle Hoffnung ewiglich gekündigt.
Er sagt aber auch: Ihr Sünder, richtet nicht!
Sonst steht ihr selbst schon vor Gericht.

Mein ist die Rache, sprach der Herr,
Im Alten Testament.
Für jeden gilt, als sein Gescherr:

Gerechtigkeit ist unser aller Joch.
Ein jeder büßt in seinem Loch,
Bis er sein Fehl erkennt.

III.

Oft hört man die Menschen eitel tönen,
Böses sei so wie das Gute absolut,
Und letztlich sei es auch egal, was man von beidem tut,
So wie Rot und Schwarz für alle, die dem Glücksspiel frönen.

Für diese ist die Welt im Kriegszustand
Zwischen Finsternis und Licht.
Sie schöpfen Lust und Zuversicht
Aus ew'gem Weltenbrand.

Ach, diese Manichäer! Sie sterben niemals aus.
Warum auch? Sind sie doch in dieser Welt zu Haus.
Sie denken nicht, weil sie sonst wüssten,

Dass sie den Krieg beenden müssten.
Es kann nur EINES geben mit dem Namen ABSOLUT,
Und das ist, schon weil es immer da ist, gut.

CAVE MALUM
(nach Matthäus 10,16)

Ob Menschen freundlich oder boshaft sind,
Erkennt noch nicht das kleine Kind.
Heitere Masken, Puppenspiel
Den Kleinen immer schon gefiel.

Ob einer gut ist oder schlecht,
Sieht man auch später nicht so recht.
Mit Markenkleidung, glatten Zungen
Erscheinen Charaktere oft gelungen.

Ist denn das wahre Richtmaß
Gefallen oder Spaß?
Ob einer kitzelt das Verlangen?

Durchschauet den Betrug
Und seid im Guten klug
Wie Schlangen!

WEIHNACHTEN?

I.

Was kann man denn von Weihnachten
In meinem Alter noch erwachten?
Draußen, bitte, bitte, etwas Schnee,
Drinnen Filme von Disney?

Heißt Weihnachten
Auch Tiere schlachten?
Den Braten essen, froh vereint,
Während im Fernsehen Bambi weint?

Muss ein Truthahn
Daran glauben?
Oder geht es auch vegan,
Mit Brot und jenem Wundersaft aus Trauben?

Muss man unerwünschte Gaben tauschen,
Armen Sängerknaben lauschen?
Müssen die Liebsten bei uns sein
Oder geht die Weihnacht auch allein?

II.

Man sieht, mit diesem Thema
Geh ich kritisch um.
Ich weiß, ich passe nicht ins Schema,
Bin lieber aufgeklärt als dumm.

Doch steigt mir, Hand aufs Herz, schon im November
Die Sehnsucht meiner alten Kinderseele
Wie frommes Liedgut in die Kehle,
Und ich freu mich auf den 24. Dezember.

Am Heil'gen Abend sitze ich bis spät
In die Nacht bei Käse, Brot und Grauburgunder
Und warte auf ein Weihnachtswunder
Oder eine süße … Synchronizität.

VERLORENES IDYLL

I

Das Idyll ist mir entschwunden
Wie ein alter Kinderglaube:
Das Glück mit einem guten Buch
In einer sommerlichen Laube
Von Ranken reich umwunden,

Dein Ruf: „Was liest Du da?"
Und: „Es gibt Abendbrot!"
Von Bratkartoffeln der Geruch,
Am Himmel Abendrot,
Ein Wein aus rotem Gold, ganz nah.

Mit ernstem Scherze plaudern
Wir beim Scheine zweier Kerzen;
Jedes Wort ist ein Versuch,
Ein Tasten nach den Herzen,
Ein wollüstiges Zaudern.

Für diesen Tag erschienen mir die Worte
Ausgewählt, die eben ich noch las,
Bis ich unter dem vom Mond bestrahlten Tuch
Der Nacht mit dir die Sprache ganz vergaß
Und nur noch lieben, träumen mochte.

II

Dieses Idyll ist mir verloren
Und mit ihm alle anderen auch.
Das Glück von gestern ist ein Fluch!
Vom Kerzenlicht bleibt nur der Rauch
Und die Musik ist nur ein Brausen in den Ohren.

Doch hat sich wirklich die Geborgenheit vor mir versteckt,
Oder habe ich mein Heim nicht vielmehr selbst verlassen?
War mein Leben hier nicht immer schon Besuch,
Um eine Liebe ohne Heimat zu erfassen
Und eine Sprache zu entdecken, die aus Träumen weckt?

STERNSCHNUPPE

Ein Stern gab mir in dieser Nacht
Das letzte seines Lichts.
Fast hätte ich ihn ausgelacht:
Von toten Sternen wünsche ich mir nichts.

Mein Mädchen gab mir diese Nacht
Den letzten Abschiedsgruß. – Ach, liebe Puppe!
Fast hätte ich Dich ausgelacht.
Du bist mir völlig schnuppe.

Mein Herz zerbrach in dieser Nacht,
Verströmte all sein Blut.
Fast hätte ich es ausgelacht;
So leicht war mir zumut.

MEIN LETZTES HEMD

Wie wird mir diese Welt so fremd!
Ich brauche ein wenig nur zu denken,
Und schon erscheint mir alles, was mich hemmt,
Und was versucht, mich abzulenken.

Warum bin ich mir selbst so fremd?
Kann weder richtig schenken, noch richtig mich bedanken,
Und dennoch gäbe ich mein letztes Hemd
Für einen ewig gültigen Gedanken.

Gibt es nicht schon seit Jahrhunderten
Immer eine Handvoll Lichtgestalten?
Vielleicht helfen sie mir heute?

Ich meine, jene, die sich immer wunderten,
Dass alle die gemeinen Leute
Diese Welt für wirklich halten.

SCHAU DIE IDEE!

Was ist besser als ein treffliches Gedicht,
Um den schlechten Tag zu schließen?
Es ist doch sehr viel besser, oder etwa nicht,
Als sich zu vergiften oder zu erschießen?

Auch wenn Dich heut' dein bester Schatz
Für jetzt und immerdar verstieß
Und dich ohne denkbaren Ersatz
Für alle Zeit alleine ließ,

Verzweifelter, du, traue dem Reim
Und gib deinem Schmerz Struktur!
Jenseits ist das Neue Land.

Dein Denken sei dein trautes Heim!
Umwelt ist verlässlich nur
Als Ideenlieferant.

TROTZDEM

Eigentlich – das muss ich ehrlich sagen
Fühle ich mich den ganzen Tag bedrängt.
Dennoch möchte ich mein Leid nicht klagen;
Ich weiß: Auch ihr seid innerlich gekränkt.

Schaut euch nur um: das Ungemach
Ist der Normalzustand.
Doch jeder scheint zu denken: Ach!
Mein Leid ist allen unbekannt!

Drum liebe ich alle die, die trotzdem lieben,
Und die dem Schicksal Zähne zeigen
Mit kämpferischem Sinn

Und die wissen von den dunklen Trieben
In diesem Selbstbeklagungsreigen
Mit nichts als ihrer Not zur Partnerin.

CHRONOMETRIEN I – IV

I. AUF DASS DER GLOCKE SCHLAG
DIE GLOCKE SELBST ZERSCHLAGE!

Sag mal, gehörst du auch zu jenen Chronophilen,
Die mit der Rolex an den Handgelenken
Sich beruhigt in Morpheus' Arme senken
Und nur schlafen, wenn die Räderwerke miteinander spielen?

Oder bist du einer jener Chronophoben,
Die diesen Wächter nur vertragen
In nötigen, profanen Lebenslagen
Und allenfalls die ungezählten Stunden loben?

Die Uhr, mein Freund, ist eine falsche Sicherheit.
Sie möchte nicht, dass du dein Leben selber wählst;
Ihr ist viel lieber, dass du dich für andere quälst.

Vielleicht merkst du aber mit der Zeit:
Wer seine Stunden pünktlich zählt,
Der hat seine Knechtschaft selbst gewählt.

II. TANHA ODER: DER LEBENSDURST

Die Zeit ist eine böse Hur'
In einem schäbigen Hotel.
Die Zigarette brennt wie eine Uhr.
Hier kommt und geht man schnell.

Die Zeit ist auch ein garstiges Insekt:
Es genügt ein kleiner Bissen
Mit einem tödlichen Infekt
Und du hast ausgeschissen.

Die Zeit ist schamlos wie zwei Hunde,
Die auf der Straße kopulieren.
A tergo hetzt sich Stund' auf Stunde.
Die Lust will keine Zeit verlieren.

Brünstig schauen wir nach vorn,
Und schon sind wir Vergangenheit.
Da hilft kein Blick zurück im Zorn:
Der Lebensdurst erzeugt den Strom der Zeit.

III. … ULTIMA NECAT

Die Zeiger deiner Uhr
Sind nicht rein zufällig spitz.
Sie wollen nicht nur
Messen. Das ist der Uhren Witz!

Sie wollen stechen und verletzen,
Deine ruhige Seele ritzen
Und dich in Ängste hetzen.
Laufen sollst du, so wie sie, nicht sitzen!

Als erstes muss ich die **Sekunden** tadeln.
Sie stechen voller Hinterlist
Mit ihren langen, spitzen Nadeln,
Wenn du nicht allzeit wachsam bist!

Dem entsprechend preist man ihre Daten
Beim Fotofinish der Athleten,
Beim Entsichern von Granaten
Und bei einem Countdown für Raketen.

Mit schlankem Messer schneiden die **Minuten**
Den strikten Fahrplan deines Lebens.
Sie sagen dir: Du muss dich sputen,
Sonst war deine Anstrengung vergebens.

Mit Fastfood und Last-Minute-Flügen
120 bpm und schnellem Internet
Lässt du dich ganz minutiös betrügen;
Doch Eile macht den fehlenden Verstand nicht wett.

Zuletzt kommt dieser sture **Stunden**weiser!
Mit seinem kurzen, aber scharfen Schwert
Ist er der anderen Zeiger Kaiser,
Und schwerer wiegt sein Wert.

Man zählt Entscheidungen, die Wahrheit und den Tod
Nicht in Minuten oder mickrigen Sekunden.
Alles Große, was die Menschheit ängstigt und bedroht,
Erhält die Dignität von Stunden.

Wie kannst du nun der Zeiten Maß noch schätzen?
Ob die Wecker klingeln oder musikalisch flöten,
Alle Stunden wollen dich verletzen
Und die letzte will dich töten!

IV. DIE GUTE ALTE ZEIT

Schön war jene alte Zeit,
Als es nur Sand- und Sonnenuhren gab.
Sie zierten einen Park oder ein Grab
Und hatten einen Hauch von Ewigkeit.

Es gab noch kein dauerndes Ticktack,
Und niemand fragte nach genauer Zeit.
Der Sonne Lauf gab den Bescheid;
Nach Ruhe strebte der Geschmack.

Ich möchte einen jener Alten heute sehen;
Er würd' die Welt nicht mehr verstehen
Und rufen: „Das ist wider die Natur!

Auch wir mussten arbeiten und streiten,
Doch nicht anders als das Meer und die Gezeiten.
Wir lebten mit der Zeit, nicht gegen eine Uhr."

ALTE BRIEFE

In alten Koffern, das Leder ist vernarbt,
In Kellern oder Dachgeschossen haben sie gedarbt,
Findet man alte Postkarten oder Briefe.
Es ist, als ob das Tote riefe.

Vergilbte Klagen über alte Lieben;
Den Kurt, der einst vor Stalingrad geblieben,
Und die Käthe werden wir vermissen;
Eine Mine hat beim Beerenpflücken sie zerrissen.

Auch in meinen Räumen liegt die alte Post
Von abgeschiedenen Gefährten
Wie gelbes Laub im welken Parke.

Ich denke nur: Love's labour's lost.
Auch meine Briefe wird der Tod entwerten
Wie der Stempel eine aufgeklebte Marke.

ZWEI PARABELN NACH DSCHUANG DSI: DAS WAHRE BUCH VOM SÜDLICHEN BLÜTENLAND

I. DER KNORRIGE BAUM

Meister Ki sah einen Eichenbaum,
Der wohl viel Holz gegeben hätte.
Die Krone prangte hoch im Raum
Seit jeher an geschützter Stätte.

Doch war der Baum bis ins Geäst
Verwachsen, knorrig, krumm;
Ein Baum, den man ruhig stehen lässt,
Denn wer ihn fällt, ist dumm.

Aus diesem Baum, denkt Meister Ki,
Schnitzt man keine Opferschalen;
Man würde keine Kaurimuschel dafür zahlen.

In diesem Baum, so sagt er, steckt Genie,
Denn schöner Wuchs lässt schnell sich in der Welt benützen,
Doch Missgestalt kann vor dem Fall dich schützen.

II. DIE FREUDE DER FISCHE

Einst ging ich an den muntren Wellen
Eines fischereichen Bachs entlang
Und sah, wie eine der Forellen
Lustig übers Wasser sprang.

Andere Forellen folgten diesem Spiel
Und sprangen in die Abendfrische.
Da war es, dass mir Dschuang Dsï's Wort einfiel:
„Komm und sieh die Freude dieser Fische!"

Nun wirst du mich genau wie Hui Dsï damals fragen,
Woher mir der Fische Freude sei bekannt;
Ich sei ja nun kein Fisch!

Ich werde dir mit Dschuang Dsï darauf sagen:
Die Freude an der Wanderung ist mein Garant –
Die Freude nur ist wesentlich.

DIE JAPANKIRSCHEN UND DIE MEISEN

Die Blätter hängen gelb und rot
Von meinen Japankirschen.
Manche Äste sind schon lange tot;
Man hört im Wind sie leise knirschen.

Im Winter stört das Tote kaum.
Ein Skelett ist ein Skelett,
Das Abgelebte kahl wie jeder Baum,
Und jeder Baum erscheint komplett.

Doch tanzt in diesen Zweigen
Durch das ganze Jahr
Eine Schar von Meisen

Drollig ihren Reigen
Und zirpt des Todes ungewahr
Auf allen Zweigen ihre schlichten Weisen.

SO EINFACH

Wie ein Film,
Der nur in Bildern spricht;

Wie ein Sonett
Mit drei Gedanken:
Der letzte gibt die Losung;

Wie ein Song
Mit drei Akkorden,
Treibend, zwingend und vital;

Wie ein Gemälde,
In dem das Weiße sparsam blüht,
Damit es leuchten kann;

Wie eine Marmorbüste
Mit blau-grauen Adern
An den Schläfen;

So leicht wirke die Kunst,
So einfach mir das Leben.

ODE AN DIE MONSTER

Oh, Ihr edlen Monster, meistens groß, doch manchmal klein,
Die Fliege mit dem Menschenkopf oder der Gigant Tarantula,
Und Du, der tragische Koloss aus dem Labor von Frankenstein,
Aus fremdem Fleisch genährt, so wie aus fremdem Blute
                                        Dracula,

Ihr alle, die Parasiten und die karnivoren Pflanzen,
Die am liebsten Mädchenfleisch verschlingen,
Oder die Vampire, die zur barocken Weise artig tanzen,
Oder als Sukkuben aus der Gruft betörend singen,

Ihr alle lebt in meinem lebensfernen Hirn
Seit Hauffs Erzählung vom Gespensterschiff,
Mit seinem Käpten, an den Mast genagelt durch die Stirn -
Seit Kindertagen allen Horrors Inbegriff.

Doch Heil erst Euch, Dämonen der Antike,
Erstanden in den Sagen von Homer!
Sobald ich in die Schlucht der Zeiten blicke,
Seh' ich die Nacht im Mittelmeer.

Kirke warnte Dich, Odysseus, vor den göttlichen Sirenen,
Denn sie lassen alles das erklingen,
Wonach sich Männerherzen sehnen,
Wenn sie ihre Ohren nicht mit Wachs bezwingen.

Du, Odysseus, in Deinem Heldenstolz,
Hast diesen Weibsgesang ganz filterfrei vernommen,
Ohne Wachs, gebunden an das Mastenholz.
Mir wäre das nicht wohl bekommen!

An Skylla und Charibdis, diese grauenvollen Zwei,
Die sich mordend unterstützen,
Kommt auch ein Odysseus ohne Opfer nicht vorbei.
Sechs Gefährten kann er nicht beschützen.

Da kommt Charibdis, die die enge Furt austrinkt,
Und, wenn sie die Flut ausspuckt,
Das Schiff auf Skyllas Höhe bringt,
Die mit sechs Köpfen sechs Seemänner verschluckt.

Dann treffen die Gefährten den Kyklopen Polyphem.
Der lädt sie roh zu ihrem eignen Braten ein
Und macht's sich dann bei Menschenfleisch bequem.
Doch Odysseus füllt ihn ab mit schwerem Wein.

Schlaftrunken liegt da Polyphem,
Von allen Sorgen losgelöst;
Nichts und niemand ist ihm ein Problem,
Bis *Niemand* ihm den Spieß ins Auge stößt.

Poseidon hat den Braten wohl gerochen,
Konnte es als Monstervater gar nicht leiden,
Dass seinem Sohn das Aug ward ausgestochen,
Doch Odysseus konnte ihn – das Meer – nicht meiden.

So wenig wie die Schiffe unserer Zeit!
Und selbst, wenn sie Poseidons Namen tragen,
Hat es sie vorm Untergange nicht gefeit.
Schau, wie die bösen Fluten sie erschlagen!

Und Du, Medusa, göttergleiches Schlangenhaupt,
Homerisch nicht, doch aus der Argonautensage,
Versteinernd alles, was sich Deinem Blick erlaubt,
Auch Dir gilt meine Reverenz und Klage!

Wie kommt es, dass Du zu Tode Dich erschrickst,
Als Du in Perseus' unschuldigem Schild
Dich auf einmal selbst erblickst?
Hat solche Macht das Spiegelbild?

Doch jetzt zu Euch bekifften Orientalen,
Aus Tausend und der Einen Nacht,
Gern werde mit Versen ich bezahlen
Eurer Monster pittoreske Pracht.

Da ist der maliziöse, alte Dschinn,
Beschworen aus der Flasche Bauche.
Er trägt mich gern zu allen Orten hin,
Wenn ich meine Wünsche nur verbrauche.

Da ist der Vogel Rock auf dem preziösen Horst.
Er nimmt mich mit, wie Sindbad, an den Vogelbeinen
Und fliegt zu einem weit entfernten Forst -
Einem Wald aus Edelsteinen.

Doch nehmen wir jetzt bei seinen Zügeln
Für einen Ritt in dichterischer Trance
Den Pegasus, das Ross mit Flügeln.
Es bringt uns in die frühe Renaissance.

Zum Buckligen von Notre Dame,
Dieser grotesk-sublimen Kreatur
Aus Hugos berühmtem Melodram,
Ein gutes Herz, doch eine böse Laune der Natur.

Er rettete das Mädchen Esmeralda vor dem Tod,
Ganz ihrem Mitgefühl zum Danke;
Doch als er ihr der Kirche heiliges Asyl anbot,
Beschwor er das größte aller Monster: die Ananke!

Wir sahen, Kinder noch, den Film in einem Gotteshaus.
In einem Seitenschiff war eine große Leinwand aufgebaut.
Die Bilder strahlten schaurig in den Kirchenraum hinaus,
Und selten hat es mich so stimmungsvoll gegraust.

Noch lange hab' ich vor dem Triptychon
Des Spiegelschränkchens *Alibert*
Des Glöckners Fratze, gezeichnet von der Fron,
Mit Fingern mir aus dem Gesicht gezerrt.

Und wenn ich dann Charles Laughton's Mimik imitierte,
Hat mein Bruder immer sehr gelacht,
Wobei ich Quasimodos Klage stammelnd rezitierte:
„Die Glocken ha'm mich taub gemacht!"

Dann klopfte an das Fenster meiner Kindheit,
Als mir des Menschen doppelte Natur noch nicht bewusst,
Des Doktor Jekylls Dämon Mr. Hyde,
Und mit ihm alle seine böse Lust.

Heute kann ich zu Renoir nur raten
Und zu Barraults Monsieur Opale,
Diesem fidelen Satansbraten,
Der allen Hydes den Auftritt stahl.

In der Fan-Zeitschrift *Vampir*
Sah ich dann die Mumie Imhotep,
Die Haut zerknittert wie Papier,
Boris Karloff in verdorrtem Krepp.

Auf den Seiten dieses unsterblichen *Vampir*s
Konnte ich im Jahre 1972 lesen:
Es war der Maskenbildner Jack Pierce,
Der Boris Karloff ließ so attraktiv verwesen.

Doch ist es die Maske nicht allein,
Die Totes auferweckt
- ob Imhotep, ob Kreatur von Frankenstein,
Es ist die moribunde Seele, die erschreckt.

Und Boris Karloff verkörpert diese Seele schaurig,
Mal böse, erbarmungslos und hart,
Dann wieder anklagend und traurig.
Und noch heute spürt man seine Macht.

Ein wenig später sah ich dann den King
Mit Namen Kong, der zärtlich seine Weiße Frau absetzt
Auf dem Empire State Building
Und dann die Feinde wie die Fliegen in der Luft zerfetzt.

Als auch in mir der Große Affe wuchs
Und mich auf einmal Mädchen, Frauen interessierten,
Spähte ich im Zeitungsladen wie ein Luchs
Auf die Pin-Ups, die zu jener Zeit die Titelblätter zierten.

Wen wundert's, dass meine erste Liebe Vampirella galt,
Dem Fledermäuschen aus dem All, das sich recht kess
Verwandeln konnte zu einer äußerst weiblichen Gestalt
In einem scharlachroten, äußerst knappen Dress.

Ja, damals konnt' ich gerade 14 Jahr' verbuchen,
Doch *Eerie*, *Creepy*, *Vampirella* und *Vampir*,
Die musste ich nicht eigens suchen;
Sie kamen wie auf einen stillen Ruf - zu mir!

Und darum jetzt zu Euch, Ihr lieben bösen Mädel!
Unter Eurem jungen, puppenhaften Antlitz
Sitzt des alten Todes grauser Schädel
Und grinst mit teuflischem Witz.

Da ist vor allem Regan MacNeil!
Sie zeigt uns, wie man rückwärts isst.
Sie geifert und sie kotzt so viel,
Da würgt sogar der Exorzist.

Von Pazuzu ist das gute Kind besessen,
Der Zikaden und Heuschrecken
Meister. Er hat was Falsches wohl gegessen –
Lasst euch das TV-Dinner trotzdem schmecken!

Und wer mir jetzt noch folgt, der folgt auch Carrie White.
Ihr half keine noch so fromme Bibelexegese.
Erst nach einem Eimer Blut aufs schöne Prom-Night-Kleid
Fand sie sich selbst und ihre Kraft: Telekinese!

Zu meinen bösen Kindern zählt auch Damien Thorn,
Omenhaft erkoren, den Lauf der Welt zu leiten,
Und nicht zuletzt die „Children of the Corn",
Die alle töten, die ein gewisses Alter überschreiten,

Wie die Schlitzer, unsterblich, aber hoffnungslos umnachtet,
Michael Myers, Jason Vorhees, Freddy Krueger:
Wie viele notgeile Teens habt Ihr geschlachtet?
Doch war da immer eine Jungfrau, und immer war sie klüger!

What the fog! Fast hätt' ich Dich vergessen,
Du dreimal grauser Nebelgeist,
Der den Leichen aus dem Wasser, von Rachedurst besessen,
Den Weg zum frevelhaften Küstenstädtchen weist.

Willkommen aber nun im Reich der Tiere!
Ihr wisst schon, was ich meine!
Nein, nicht die Männerschar beim Biere,
So grob will ich nicht sein!

Ich meine jene arme Kreatur,
Die frisst und reißt und sticht,
Aus Rache der geschändeten Natur
Für das gestörte Gleichgewicht.

Vögel, Frösche und sogar Kaninchen,
Und, was muss ich euch erzählen,
Auch ein Schwarm tödlicher Bienchen,
Waren aufgerufen, uns zu quälen.

Und da Tiere sich sehr schnell vermehren,
Ratten, Spinnen und, schau an, der Weiße Hai,
Weil sie so viel frisches Fleisch verzehren,
Gingen viele Features bis Teil Drei.

Der Killerfische ersten Teil – „Piranha"
Sah ich mit einer coolen Gothic-Braut;
Ich nenn' sie mal des Reimes wegen Tania;
Das war eine, die sich alles traut.

Nach dem Kino wollte ich es wissen.
Horror macht in der Jugend manchmal geil,
Und sie hat wirklich angebissen!
Ich danke den Piranhas – mit einem Petri Heil!

Was mich nach all dem wundert, ist, warum
Mich Werwölfe nicht wirklich interessieren,
Denn zum Vollmond wird mein Rücken krumm
Und ich laufe durch die Stadt auf allen Vieren.

Doch Spaß beiseite! Jetzt wird's ernst!
Ein Narr bist du,
Wenn du dein Kreuz entfernst,
Dieses göttliche Tabu

Für die sinistren Nachtgestalten,
Die wie ein Alp den Schlaf beschweren
Und sich, während die Gliedmaßen erkalten,
Von deinem warmen Blut ernähren.

Hast du das vielleicht noch nie gespürt,
Den Müden Tod in kleinen Dosen?
Dann hat dich der Zeiten Dorn noch nicht berührt,
Und alles, was du siehst, sind nur die Blüten von den Rosen.

Eigentlich wollte ich jetzt in meiner Dichtung
Die Vampire ehren. Doch sind sie mir plötzlich nur Symbol,
Nicht etwa für unsere Vernichtung,
Sondern für das körperliche Wohl!

Sind wir nicht tatsächlich alle Zecken,
Die sich vom Blut der Nächsten nähren?
Ganz egal, ob sie verrecken…
Wer kann mir diese Monstrosität erklären?

Genug! Ich ziehe mich zurück,
Will mit dem Gespenst der Gegenwart nicht streiten,
Lieber ist mir das naive Glück,
Das mir die Monster der Vergangenheit bereiten.

Ob mit der Kettensäge oder mit dem Beile
Habt Ihr, oh Monster, tausend Wonneschauder mir geschenkt
Und meine allergrößten Feinde, Realität und Langeweile,
Enthauptet, aufgeschlitzt, in ihrem Blut ertränkt.

Ihr wart, das muss ich sagen, alle gut
Im Bösen, doch vor Boris Karloff,
Monster oder Mann, zieh' ich den Hut.
Er war und ist der wahre Stoff.

ZUM AUSKLANG:

WER MACHT DAS GEDICHT?

Okay, Herr Benn, so ein Gedicht,
Das macht der Dichter selbst.
Doch sehe ich im rechten Licht,
Wie der Teufel dazu lacht.

Was gibt es denn, Herr Benn,
Im Dunkel meiner Nacht,
Woran meinen Auftrag ich erkenn'
Und was mich dichten macht?

Wesen, älter als die Zeit,
Nennen wir sie Musen,
Weiblich zwar, doch nicht zum Schmusen,
Weiblich zwar, doch taub für Eitelkeit.

Sie kann nur hören, wer dazu bereit.
Ihnen Dank und Bitte dann zu zollen,
Das ist alles, was sie wollen,
Unbekümmert um den Trug von Freud und Leid.

DANKSAGUNG

Mein besonderer Dank gilt Philipp Spiering, dessen sachkundige und freundschaftliche Mitwirkung wesentlich zur Veröffentlichung dieses Bandes beigetragen hat.

Einen wirklichen Leser zu haben ist Fügung und Geschenk.

DER AUTOR,

Dr. Erich Reisen, ist 1959 in Mönchengladbach geboren und unterrichtet Philosophie und Fremdsprachen in der Erwachsenenbildung. Nach wissenschaftlichen Publikationen zu Psychoanalyse, Literatur und Philosophie liegen nun die über einen längeren Zeitraum entstandenen Gedichte vor. Ein Band mit phantastischen Erzählungen ist in Vorbereitung.

Freundliche Botschaften aus dem Diesseits und Jenseits sind unter der Adresse e.reisen@hotmail.de jederzeit willkommen.

Zeitfracht Medien GmbH
Ferdinand-Jühlke-Straße 7
99095 Erfurt, Deutschland
produktsicherheit@kolibri360.de